Buenos modales en el comedor

Amanda Doering Tourville
Ilustraciones de Chris Lensch

everest

Autor: Amanda Doering Tourville
Ilustrador: Chris Lensch
Título original: *Manners in the Lunchroom*
Traducido por Alberto Jiménez Rioja

Dirección Editorial: Raquel López Varela
Coordinación Editorial: Ana María García Alonso
Maquetación: Susana Diez González

© EDITORIAL EVEREST, S. A.
Carretera León-La Coruña, km 5
ISBN: 978-84-441-4553-2
Depósito legal: LE. 182-2011
Printed in Spain - Impreso en España

EDITORIAL EVERGRÁFICAS, S. L.
Carretera León-La Coruña, km 5
LEÓN (España)
Atención al cliente: 902 123 400
www.everest.es

¡Es hora de comer! Tener buenos modales en el comedor hace que la hora de la comida sea agradable para todo el mundo. Los buenos modales ayudan a que comer sea más divertido.

Hay muchas formas de demostrar buenos modales en el comedor.

La clase del señor Pérez se dirige al comedor: es la hora.

Adriana y Carlos esperan pacientemente en la cola.

Adriana y Carlos tienen buenos modales.

—¿Me sirve un poco de arroz, por favor? —le pregunta Álex a la camarera.

Y le da las gracias cuando se lo pone en la bandeja.

Tiene buenos modales.

—¿Puedo sentarme aquí? —le pregunta a Ana una niña nueva.

—Claro —contesta Ana, y se desplaza para dejarle sitio.

Tiene buenos
modales.

Andrés y sus amigos hablan en su mesa tranquilamente.
Nunca chillan ni gritan.

Tienen buenos modales.

Rosalía le da un mordisco a su manzana y mastica con la boca cerrada. Si quiere hablar, espera a tragar.

Tiene buenos modales.

Mario necesita ayuda para abrir su termo. Levanta la mano y aguarda pacientemente a que llegue el monitor.

Tiene buenos modales.

Emilia derrama accidentalmente la leche. Sus amigos la ayudan a recogerla.

Tienen buenos modales.

Nicolás utiliza los cubiertos para llevarse la comida a la boca.

No usa los dedos.

Tiene buenos modales.

Mateo y Paula recogen sus bandejas y las vacían en los contenedores adecuados. Tiran los cartones de leche al recipiente de reciclado.

Tienen buenos modales.

Es importante tener buenos modales en el comedor. Demuestra respeto por los compañeros y los empleados del colegio. Los buenos modales hacen posible que todo el mundo disfrute de la comida.

Curiosidades

En España, muchos niños van a comer a casa en lugar de hacerlo en el colegio.

En Francia, la pausa de la comida dura dos horas.

En Japón, muchos niños toman almuerzos preparados y empaquetados llamados *bento*, donde hay arroz, carne o pescado y verduras.

En Tailandia, hay escuelas sin sitio para un comedor y los niños comen en las clases.

En Hungría, el almuerzo suele ser la comida más copiosa del día.

En Estados Unidos, un programa nacional ofrece almuerzos baratos o gratuitos a más de 30 millones de niños.

Índice:

Busca los demás títulos de la serie Buenos Modales:

Buenos modales en casa de un amigo
Buenos modales en el colegio
Buenos modales a la mesa
Buenos modales en público
Buenos modales en la biblioteca
Buenos modales en el parque
Buenos modales en el autobús escolar
Buenos modales al teléfono
Buenos modales con los libros prestados